In Liebe trauern

Bibliografische Information der Deutschen Nationalbibliothek
Die Deutsche Nationalbibliothek verzeichnet diese Publikation in der Deutschen Nationalbibliografie; detaillierte bibliografische Daten sind im Internet über http://dnb.d-nb.de abrufbar.

2. Auflage September 2011
1. Auflage August 2010

© Claudia Leandra König, München:
„Zitate als Seelennahrung" ISBN 978-3-8423-7670-0
„Entschlüsselung der Motivation" ISBN 978-3-8423-7816-2
„Handbuch der Geistheiler" ISBN 978-3-8423-3772-5
„Der Stress-Knigge" ISBN 978-3-8423-0616-5
„In Liebe trauern" ISBN 978-3-8391-9045-6
„Sex in der Neuen Zeit" ISBN 978-3-8391-5237-9
„Weg frei zum Gesundwerden" ISBN 978-3-8370-7870-1

www.claudiakoenig.com
www.trainingsakademie.com

Herstellung und Verlag: Books on Demand GmbH,
Norderstedt, Deutschland, www.bod.de

Gestaltungshinweis:
Buchblock und Titelabbildung : Claudia Leandra König

Umwelthinweis:
Der Buchblock wurde auf säure-, holz- und chlorfreiem sowie alterungsbeständigem Papier gedruckt.

ISBN: 978-3-8391-9045-6

Claudia Leandra König

In Liebe trauern

In Frieden loslassen

Inhalt

Teil 2: PRAKTISCHER BEREICH

„Gott, wo warst du als ich dich am
meisten brauchte? Ich sehe nur eine Spur in
meinem Leben." „Mein Kind, das ist meine Spur,
da habe ich dich getragen."

Für dich

Wichtiger Hinweis:
Die in diesem Buch beschriebenen Abhandlungen, Methoden und Rituale ersetzen weder Behandlung noch Diagnose durch einen Arzt, Heilpraktiker, Therapeuten oder Psychologen. Auch ersetzt dieses Werk nicht die Beratung durch einen Steuerberater, Rechtsanwalt oder Notar. Die Autorin und der Verlag übernehmen keinerlei Haftung. Im Zweifelsfall suche bitte die oben genannten Personen auf.

Vorwort

Wir wissen nicht, wann jemand sein Soll erfüllt hat und gehen darf und das ist auch gut so. So bleibt uns nur zu akzeptieren, wenn jemand vor uns geht.

Früher oder später werden wir alle mit dem Gefühl der Trauer konfrontiert, das aus meiner Sicht die stärksten Impulse unter den schmerzhaften Empfindungen auslösen kann, insbesondere dann, wenn ein von uns geliebter Menschen die Ebene wechselt bzw. stirbt. Trauer kann schwerwiegende Folgen nach sich ziehen, die bis hin zum Schwinden unserer Lebenslust gehen kann, wenn wir nicht lernen den Verlust anzunehmen und zu verarbeiten.

Um dir eine Unterstützung für Zeiten großen emotionalen Schmerzes zu geben habe ich dieses Buch mit großer Liebe als Zeichen meines Mitgefühls für dich verfasst. Es ist also ein persönliches Buch und enthält meine Gedanken zur Bewältigung von Trauer, die aus einem herzöffnenden und spirituellen Verständnis heraus verfasst wurden.

Einige Menschen, die meinen Weg gekreuzt und ein Stück weit begleitet haben sind bereits auf unterschiedlichste Art und Weise gegangen und gleich mehrere Male bin ich beschützt von „oben" Gevatter Tod von seiner Gabel gesprungen – das hatte ich nie (bewusst) geplant, es war einfach passiert, es gehört einfach zu meinem Leben. Ein einschneidendes Erlebnis darunter war das Überleben des Tsunamis im Dezember 2004 an Thailands schöner Küste neben den vielen bewegenden Momenten in meinem Familien- und Freundeskreis als auch während meiner weltweiten sozialen Engagements.

Dieses Werk ist in knapper und überschaubarer Form als kleiner Ratgeber gehalten und enthält zwei Teile: Im ersten Teil, dem emotionalen Teil, erfährst du Aufschlussreiches über Weltbilder als auch über die aufwühlende Welt der Gefühle einschließlich den Trauerphasen und zusätzlich erhältst du eine Reihe wertvoller und sehr heilsamer Rituale, die dir helfen den Verlust zu verstehen, zu bewältigen und zu verarbeiten.

Der zweite, praktische Teil enthält eine Reihe nützlicher Übersichten und zeigt dir auf, was alles zu tun ist wenn jemand verstirbt, welche Bestattungsarten es gibt, welche Kosten auf dich zukommen können und gibt dir rechtliche Hinweise.

Fühle dich begleitet und umarmt

Claudia Leandra König

www.claudiakoenig.com
www.trainingsakademie.com

TEIL 1

Emotionaler Bereich

Kapitel 1:

Weltbilder

*„Diejenigen, die gehen, fühlen nicht
den Schmerz des Abschieds."*
H.W. Longfellow

Die bunte Welt der Weltbilder

Jeder von uns hat sein eigenes Bild der Welt, das
sich aus unseren eigenen individuellen Erfahrun-
gen, Erlebnissen und Konditionierungen zusammen-
setzt. Dieses Bild trägt viele Stempel von Anderen,
seien es Familienmitglieder, Freunde, Kollegen,
Vorgesetzte, Nachbarn, Menschen aus anderen
Ländern, Menschen des öffentlichen Lebens oder
staatlichen Organen, Staatsformen in der wir leben,
Religions- und andere -gemeinschaften und vieles
mehr, das sich bei uns verewigt hat.

Aus diesem Sammelsurium heraus haben wir
unsere Auffassung kreiert, wie die Welt (für uns) ist.
Für jeden anderen ist sie anders, da es keins gibt,
das für alle gleich ist. So sind die Weltbilder so bunt,
wie die Welt selbst ist und sie leben, das heißt sie
verändern sich ständig, mal mehr und mal weniger
– das hängt unter anderem von den Rahmenbe-
dingungen ab, wo wir leben und wie frei wir uns
entfalten und uns bewusster entwickeln können
und wollen. So ist auch eine große Vielfalt von Auf-
fassungen entstanden, was mit einem Menschen
passiert wenn er verstorben ist, ob es ein Leben

nach dem Tod gibt oder nicht und wie dieses dann aussieht. Ob nun der Geburts- oder der Sterbetag als wichtigstes Ereignis gefeiert wird und wie dezent oder voluminös die Trauerfeierlichkeiten mit ihren mannigfaltigen Ritualen sich gestaltet. All das hat Einfluss darauf, wie wir mit dem Tod umgehen, ob wir ihn getrennt haben von unserem Leben oder ob er ein gegebener Bestandteil unserer Existenz ist. Je weiter wir den Tod aus unserem Leben streichen oder verbannen, desto schwieriger wird es für uns ihn zu verarbeiten, wenn jemand aus unserem Umfeld stirbt oder gar wir selbst die Tage zählen.

Für die Bewältigung unserer Trauer ist es uns eine große Hilfe, wenn wir betrachten wie das Thema im Ganzen aus anderen Weltbildern heraus verarbeitet wird, damit wir ggf. die für uns hilfreichen Stützen übernehmen können. Bevor ich nun meine Denkweise über den Tod mit dir teile kommen noch ein paar Worte zur Logik bzw. zum logisch sein:

Was bedeutet Logik *(in unserem Verständnis)*

Logik ist die Lehre von schlüssigem und vernünftigem Schlussfolgern beliebiger Sachverhalte und hat bei uns ihre Heimat in verschiedenen Fachgebieten z.B. in der Mathematik und in der Philosophie. Hat für uns etwas mit Logik zu tun, dann sprechen wir von logisch, daher kommt ja auch der Ausdruck „ist doch logisch". Doch logisch ist nicht gleich logisch, je nachdem aus welchem Weltbild man die Dinge heraus betrachtet. Für den Einen ist es logisch, dass das Leben zu Ende ist wenn der

Körper tot ist, für Andere wiederum nicht. Logik hängt zudem ja auch von verschiedenen Faktoren ab: Alter, Nationalität, Religion, Staatsform, Gebräuche, Bildung, Status etc., so ist z.B. für einen Mongolen manches absolut logisch, was für uns nur „spanische Dörfer" wären und umgekehrt.

So ist all das logisch, was für uns in unserem Weltbild schlüssig und erklärbar ist und zwar unabhängig von der rationalen Ebene, da das ja nur eine Ebene von vielen ist. Wieso ich das so ausführlich erwähne? Weil westlich orientierte Menschen gerne Logik an Sachlichkeit messen, doch logisch ist letztendlich immer das, was du dir erlaubst zu denken. Aus dem Englischen gibt es ein passendes Sprichwort dazu, dass da heißt „We see things not as they are. We see things as we are!" (Wir sehen die Dinge nicht so, wie sie sind. Wir sehen die Dinge so, wie wir sind!). Und ich erlaube mir nun das zu sehen und zu denken, was für mich die Wahrheit ist:

Das Weltbild der Autorin

Meine Denkweise in Sachen Tod und Sterben hat sich im Laufe der Jahre verändert, verfeinert und geklärt – so weit bis ich endlich klar „sehen" konnte. Gewiss ist es für einen rationalen Menschen schön, die Forschungsberichte von Dr. Elisabeth Kübler-Ross, Dr. Raymond Moody oder all die anderen zu lesen, die ausgiebig über Nahtoterfahrungen berichtet haben. Für mich jedoch ist das nur eine Bestätigung dessen, was sowieso klar ist.

14

Eine Seele ist viel größer, als der Verstand es jemals sein kann! Ist sie einmal erschaffen, dann existiert sie ewig. Jede Seele hat eine Aufgabe zu erledigen, wenn sie auf die Erde kommt. Das Wissen unserer Aufgabe ist nicht notwendig, da wir sowieso durch die Geistige Welt an unsere Aufgabe herangeführt werden und früher oder später beißen wir dann in den Braten hinein – allerdings meist ganz unbewusst. Wenn die Seele wiedergeboren wird (= inkarniert), dann schlüpft sie in einen für sie passenden Köper, mit dem sie alle erforderlichen Aufgaben erfüllen kann. Hat sie das dann erledigt, darf sie wieder nach Hause oder zur Mutterseele um es vereinfacht auszudrücken, das heißt für uns: Sie stirbt. Dieses Abarbeiten kann eine Zeitspanne von wenigen Momenten nach der Zeugung bis etliche Jahrzehnte haben und relativ anspruchslos dahinplätschern oder für unser westliches Denkvermögen nur schwer vorstellbar steinig sein. Die Seele macht immer das durch, was sie sich vorgenommen hat und wir können uns noch so winden und doch können wir anderen ihren Weg nicht abnehmen oder gar ersparen, aber sicherlich erleichtern.

Inkarnationsübergreifend gilt zu erwähnen, dass wir sowieso immer im selben Umfeld inkarnieren, denn mit diesen Personen haben wir Karma angesammelt und mit diesen werden wir das wieder abbauen. Die Konstellation ist meist unterschiedlich, mal sind wir Schwester, mal Opa, mal Freund, mal Feind usw., doch auch das kann gleich sein wenn wir z.B. in einem früheren Leben die Liebe zu einer Person nicht leben konnten weil einer zu früh verstorben ist, dann holen wir das halt jetzt nach wenn es von Bedeutung für uns ist. Wir werden die verstorbene Person also wieder sehen, nur in einem anderen Mantel und wenn sie zeitgleich mit uns bei der Mutterseele ist, dann eben auch dort.

Wenn ein Mensch verstirbt, dann tritt seine Seele aus dem Köper heraus und wird getragen von der Liebesenergie über einen Lichtkorridor von lieben Wesen abgeholt – meist von einem Vorverstorbenen, mit dem eine Liebesverbindung bestanden hat. **Die Seele, die geht, der geht es gut**, dort wo sie hingeht. Sie ist erlöst von ihrer Aufgabe hier auf Erden, so dass das Wort Verstorbener aus der Perspektive der Gegangenen zutreffender Erlöster heißen müsste. Ein vollkommen neues, befreiteres Leben oder besser gesagt Existieren beginnt für die gegangene Seele, daher ist es für die Gegangenen nicht einfach uns so leiden zu sehen, obwohl es ihnen im Verhältnis zu uns so gut geht. Aus diesem Grund kann es vorkommen, dass sie noch ein Weilchen bei uns bleiben, bevor sie mit dem Abholer mitgehen. Damit wollen sie uns zeigen, dass nur ihr Köper verbraucht, jedoch nicht die Seele gestorben ist und uns trösten – leider haben die meisten von uns Angst vor diesen Kontakten. Sie verstehen alles, was wir zu ihnen sagen.

Kann Wiedergeburt Realität sein

Die Buddhisten und die Hinduisten sind meines Wissens die größten Gruppen, welche durch ihre Religion die Wiedergeburt als normalen Bestandteil in den vergänglichen Ablauf ihrer Existenz integriert haben. Und wenn wir so nachdenken, dann sind das doch schon eine Menge Leute die so denken - so viele können doch nicht falsch liegen oder? Trotzdem stellen wir uns immer wieder diese Frage.

Für mich selbst hat sich das Thema erübrigt. Nachdem ich seit meiner Kindheit in frühere Leben „reisen" kann (=Hellsehen), habe ich das nach längerem hin und her einfach akzeptiert. Mein Weg dahin gleicht da wohl eher einer Achterbahnfahrt und um es kurz zu machen: Ich war im Wechsel schockiert und erschrocken, bis ich es nach langer Zeit angenommen und akzeptiert habe, das es neben der Verstandesleistung auch noch etwas anderes gibt. Seitdem ist mein Staunen geblieben, was in der spirituellen Welt so alles möglich ist. Zum Glück purzeln solche Fähigkeiten nicht auf einmal, sondern dosiert aus einem heraus – das würden wir schier nicht verkraften. Auf der anderen Seite gibt es doch auch in der restlichen Welt so viele Jobs, von denen wir nicht die leiseste Ahnung haben, was da überhaupt alles dahinter steckt.

Doch habe ich auch eine Theorie wieso wir an der Wiedergeburt zweifeln: Wir versuchen mit unserem rationalen Verstand, der zwar auch sehr wichtig ist, jedoch das falsche Mittel zum Beurteilen von spirituellen Thematiken ist, das Thema zu erfassen und Beweise in der für uns gewohnten Form zu erhalten und das ist nicht möglich. Das wäre wie wenn wir durch eine Brille mit rosa Gläsern die verschiedenen Grüntöne eines Bildes erkennen wollen

- das geht nicht, möglicherweise erkennen wir gar nicht, dass es sich bei der Farbe überhaupt um grün handelt. Oder anders ausgedrückt: Früher war nur der krank, bei dem Blut floss und die Krankheit von psychisch Kranken wurde nicht erkannt bzw. anerkannt, da ja kein Blut floss. Heute ist man da auch Meilen weiter. Wir haben einfach unser Bewusstsein ausgedehnt und sind gewachsen. Das Akzeptieren von einem Leben nach dem Tod erleichtert uns die Verarbeitung der Trauer. In der Reinkarnationsforschung ist unter anderem Ian Stevenson († 2007) Professor für Psychiatrie (USA) bzgl. seiner Beweise eine feste Größe. Hierzulande wird erfreulicherweise die Auswahl spiritueller Bücher auch immer größer und vielfältiger.

Kapitel 2:

Gefühle stehen Kopf

„Wir haben das Leben vom Sterben getrennt und das Intervall zwischen beiden ist Furcht."
Krishnamurti

Allerlei Verwirrung herrscht rund um unsere Gefühlswelt. Meist kennen wir Anderes (Menschen, Städte, Länder etc.) besser als unsere eigene Gefühlswelt, die aus uns erst das macht, was wir sind: Lebendige und einzigartige Wesen mit einer unglaublich faszinierenden inneren Erlebniswelt. Dieses Kapitel ist daher dem Aufdecken der Eigendynamik gewidmet, die sich in uns entwickelt hat.

Gute Gefühle ./. Schlechte Gefühle

Was wäre der Mensch ohne seine Bewertungsma-
schinerie? Diese Frage stellen wir uns meist gar
nicht, sondern bewerten eifrig weiter.

Von dem Moment an, an dem wir Gefühle ein-
teilen in gute Gefühle und in schlechte Gefühle
potenzieren wir sie, d.h. wir verfälschen sie und
machen sie um einiges größer als sie tatsächlich
sind. Wollen wir dann an unsere reinen Gefühle
herankommen um sie z.B. zu verarbeiten und loszu-
lassen, müssen wir uns erst durch einen Berg auf-
geblasener Gefühle hindurcharbeiten. Handelt es
sich bei dem Gefühl, das wir gerade durchmachen
und erleben um ein schmerzhaftes Gefühl, dann
wird dieses umso stärker empfunden wenn wir es
bewerten, als wenn wir das sein lassen würden.

Alle Gefühle gehören zu uns, wir brauchen sie
um eine Art inneres Gleichgewicht zu halten – deren Intensität ist abhängig von dem gegensätzli-
chen Gefühl. Das bewerten sollten wir sein lassen,
denn mit dem bewerten von Gefühlen werden wir
uns früher oder später auch selbst bewerten was
dazu führen kann, das wir uns komplett abwerten,
nur weil wir ein einzelnes Gefühl intensiv empfinden.
Jedes Gefühl ist nur ein einziger Teil von vielen Teilen, die uns als Mensch ausmachen! Und letztendlich gilt: **Hinter jedem Gefühl steht die Liebe** – auch
wenn wir es auf Anhieb nicht erkennen können,
weil es sich versteckt hat – auch hinter der Trauer!

Gefühlskorridor ./. verirrte Gefühle

Je älter wir werden, desto mehr nimmt meist die Intensität des Erlebens von Gefühlen ab. Das liegt zum Einen daran, dass wir mit der Jahre lernen besser mit Gefühlen umzugehen und zum Anderen daran, dass wir unsere Gefühlswelt zusammenpressen und in einen schmalen Gefühlskorridor quetschen - irgendwer scheint sich das wohl als Modekleidung für Gefühle ausgedacht zu haben. Letzteres ist besonders schade, da uns dadurch die Natürlichkeit verloren geht und ein Ungleichgewicht zu herrschen beginnt.

Grund hierfür ist, weil die stärkeren Gefühle die besseren und meisten Plätze ergattern, denn sie besitzen ja gegenüber den feineren Gefühlen mehr imaginäre Muskelmasse. Im Klartext bedeutet das: Verbieten wir uns Gefühle zu fühlen bzw. diese zuzulassen, dann werden wir die schmerzhaften wie etwa die Trauer spüren und unsere Sensibilität gegenüber feineren Gefühlen wie etwa die der Liebe wird abnehmen. Um aus diesem Kreislauf auszubrechen sollten wir großzügig alle Gefühle zulassen, denn nicht gelebte Gefühle überrollen uns irgendwann als Schlammlawine. Erlauben wir uns das nicht, dann können auch verirrte Gefühle entstehen, dass würde dann bedeuten: Wir trauern primär um uns selbst (weil wir dann z.B. vorerst alleine weiterleben müssten) und nicht um den Verstorbenen wegen.

Gefühle ./. Emotionen

Ohne Nachzudenken verwenden wir im Alltag meist die Begriffe Gefühle und Emotionen so, als ob es sich um das gleiche Paar Stiefeln handeln würde. Dem ist nicht so. Es gibt da einen kleinen Unterschied, der zum rauschenden Bach mutiert wenn es darum geht, etwas zu verarbeiten oder gar nachholen zu wollen.

Gefühle kommen vom fühlen. Fühlen ist eine Momentaufnahme, d.h. es passiert jetzt in diesem Moment. Gefühle entstehen aus unserer Wahrnehmung heraus: Dem sehen, hören, riechen, schmecken und dem fühlen selbst. Erst wenn wir etwas wahrnehmen, können wir es auch fühlen. Und auch nur dann, wenn wir es zulassen und uns erlauben, dass wir fühlen. Ein Gefühl kann wohl durch äußere Reize ausgelöst werden, gemacht wird es jedoch in unserem eigenen Inneren. Wir können jemandem etwas Materielles z.B. ein Buch geben, aber mit Gefühlen ist das schier unmöglich. Jemanden ein Kilo Mut in die Hand zu drücken geht halt leider nicht – schade eigentlich.

Bei Emotionen dagegen handelt es sich um einen Prozess, der in Gang kommt, wenn Gefühle aus der Vergangenheit sich mit der Bewertung paaren oder vereinfacht ausgedrückt: Um veraltete Gefühle. Emotionen kuscheln sich gerne an zweibeinige Klimaanlagen, also an Menschen, die fast um jeden Preis Harmonie überall hineinbringen wollen. Gewiss sind solche Menschen absolut notwendig, denn ohne sie wäre es klimatechnisch gesehen in manchen Familien, Firmen, Vereinen etc. ungemütlich kalt – das war ich selbst, deswegen kenne ich mich da recht gut aus. Doch leider haben diese Exemplare eine negative Angewohnheit: Sie sammeln Punkte, fast so, als ob es irgendwann einmal einen Hauptpreis zu gewinnen gäbe. Was sie machen ist das: Anstelle etwas zu sagen stopfen sie alles in sich hinein bis dann meist im ungünstigsten Moment die Bombe platzt. Harmonieliebhaber haben eine große Bibliothek mit veralteten negativen Gefühlen - also von Emotionen, die nicht ausgeglichen werden können, da Löcher von gestern nicht heute gestopft werden können, sondern nur im jeweiligem Moment. Löcher von gestern können wir nur annehmen und akzeptieren. Dabei sollten wir gleich eine Kurskorrektur mit vornehmen, indem wir künftig unsere Sammelwut gleich ganz sein lassen.

Die Bezeichnung _emotional_ leitet sich nicht wie der Begriff es vermuten lässt von Emotionen ab, sondern von den Gefühlen – da hat wohl jemand die Vokabeln vertauscht! Unter Emotionalität verstehen wir das augenblickliche Ausleben voluminöser, meist erregter Gefühle. In unserem Bewertungsmarathon wird der Begriff leider eher negativ verwendet, da Gefühlsausbrüche (was immer das auch heißen mag) irgendwie als unfein, charakterschwach oder so ähnlich angesehen werden.

„Ihr, die ihr mich so geliebt habt, seht nicht auf
das Leben, das ich beendet habe, sondern auf
das, welches ich beginne."
Aurelius Augustinus

23

Kapitel 3:

Phasen der Trauerarbeit

„Was man tief in seinem Herzen besitzt, kann man nicht durch den Tod verlieren."
Johann Wolfgang von Goethe

Dieses Kapitel ist den verschiedenen Gefühlsphasen gewidmet, die während der Trauerbewältigung mehr oder weniger durchlebt werden, unabhängig davon, wer aus unserem sozialen Umfeld verstorben ist oder wie alt der (unter Umständen: werdende) Mensch war, denn Trauer ist Trauer.

Die Phasen sind unterschiedlich lange als auch unterschiedlich intensiv, wobei es sich um ein selbst kreiertes Modell mit fließenden Übergängen handelt. Lassen wir die Trauer nicht zu, weil wir sie partout nicht wahrhaben wollen, dann kann es passieren, dass wir den Verstorbenen idealisieren und als Ikone auf eine Statue stellen. Somit stellen wir sicher, dass uns gewiss keine andere Person mehr erobern kann, denn diese hohe Messlatte kann schier niemand erreichen.

Trauerarbeit können wir alleine, mit Hilfe unserer Familie oder mit zahlreichen anderen liebevollen Menschen machen und wir sollten uns wertvoll genug fühlen und um Hilfe bitten bzw. diese annehmen, wenn uns der Verlust sehr ans Herz geht und wir Unterstützung brauchen. Wir sind nicht alleine und müssen das auch nicht alleine bewältigen!

Die Phasen im Überblick

Ausprägung der Phasen

Je länger wir uns weigern den Tod anzuerkennen, desto länger dauert die Verarbeitung der Trauer. Je länger wir uns an dem Verstorbenen festhalten, desto länger dauert auch die Phase bis wir wieder an uns denken und auf uns schauen, was wir denn eigentlich brauchen. Eine Trauerphase kann nicht erlesen werden, sie muss durchfühlt werden bis wir sie verarbeitet haben. Lassen wir die Toten gehen und bis zu dem Zeitpunkt, an dem es für uns Zeit ist zu gehen, nutzen wir sie um zu schauen, was in uns noch Raum braucht und gelebt werden möchte.

Phase I: Stillstand

Unbedeutend davon, ob jemand plötzlich und unvorhergesehen stirbt, z.B. durch einen Unfall, oder wir damit gerechnet haben, z.B. nach langer schmerzvoller Krankheit: Der Eintritt eines Todes ist gefühlsmäßig nie berechenbar und bedeutet immer eine große einschneidende Veränderung für uns selbst und mit unserem Umfeld herum.

Mit dem Eintritt eines Todes befinden wir uns in einer Art Vakuum. Wir wollen das schockierende Erlebnis einfach nicht wahr haben, können es nicht begreifen und tappen im Nebel als wären wir in Trance. Die Zeit scheint still zu stehen und wir fühlen uns wie betäubt. Irgendwie glauben wir, es ist ein böser Traum und der Verstorbene wacht im nächsten Moment wieder auf. Nebenbei erledigen wir unsere alltäglichen Verpflichtungen monoton und automatisch als wären wir Maschinen.

Was auch um uns herum ist und wer uns zur Seite steht, das Erkennen was tatsächlich passiert ist erfolgt in der Stille. Nur mit uns selbst in Ruhe und alleine können wir erfassen und begreifen was es bedeutet einen Menschen zu verabschieden.

<u>Was du tun kannst</u>

- ♥ Den Verstorbenen betrachten und begreifen, dass er tot ist.
- ♥ Dich selbst umarmen und berühren um die Echtheit und Realität zu fühlen.

- ♥ Gehe barfuß, lege dich auf eine Wiese oder umarme einen Baum um die Erdung zu spüren.
- ♥ Setze dich an einen Platz, an dem du Menschen hören kannst und siehst, dass das Leben weiter geht und nicht still steht.
- ♥ Plane mehr Zeit ein als sonst für den Alltag, da alles etwas langsamer geht.
- ♥ Lege dir eine Liste zu, was alles zu tun ist.
- ♥ Stelle dir geistig vor, wie du den Verstorbenen an einem Bahnhof verabschiedest. Ihr lächelt beide, umarmt euch und dann rollt der Zug ab. Der Verstorbene geht damit auf eine lange Reise und irgendwann gibt es ein Wiedersehen auf einer anderen Ebene. Vertraue!
- ♥ Sei gut zu dir!

Phase II: Sturm der Emotionen

Langsam erwachen wir aus unserer Starre, werden aktiv und geraten in einen wahren Sturm von Emotionen, also Gefühlen, die sich aufgestaut haben und nun explosionsartig ausgelöst werden können. Dabei wird unter Umständen der Sterbevorgang akribisch zerlegt und analysiert und mit einem Gemisch von Fassungslosigkeit, Verzweiflung, Erlösung, möglicherweise auch Wut und Ärger Erklärungen oder auch Schuldige gesucht. Niemand ist Schuld und schon gar nicht du – diese Art von Gedanken solltest du gleich in den Papierkorb werfen! Begleitet ist dieses Wirrwarr von Emotionen meist von gesundheitlichen Beeinträchtigungen und Befindlichkeitsstörungen, je nachdem, in welcher Verfassung wir uns vor dem Eintritt des Todes befunden haben.

Für die Seele des Verstorbenen spielt es im Übrigen keine Rolle, ob sie die Ebene wechselte indem sie friedlich eingeschlafen ist, lange gelitten hat, schnell durch Unfall gewechselt ist, Selbstmord oder Mord die Ursache waren oder was auch immer. Drüben ist drüben, egal welcher Weg benutzt wurde. Aus erfolgstechnischen Gründen ist die Seele schneller am Ziel, je kürzer sie auf der Erde verweilt – das ist also genau das Gegenteil was im Normalfall unser Ego dem Anderen wünschen würde: Ein möglichst langes, gesundes und glückliches Leben! Doch unser Ego hat das nicht zu entscheiden. Es hat nicht die Macht Regie über das Leben anderer zu führen, sondern vielmehr hat unser Herz es anzunehmen, wenn sich jemand anders entschieden hat.

Was du tun kannst

- ♥ Verschaffe dir Luft und lasse Dampf ab. Schreie (im Auto auf einem Parkplatz, im Wald etc.) deinen Schmerz hinaus. Verausgabe dich körperlich durch sportliche Bewegung (nicht durch Mehrarbeit) – diese Hinweise für hitzige Gemüter, damit ihr euch nicht innerlich abfackelt.
- ♥ Im Regen spazieren gehen und damit gedanklich den Schmerz wegspülen lassen.
- ♥ Gefühle der Hilflosigkeit umwandeln: Bereits wenn wir denken wir sind hilflos tun wir etwas: Wir denken! Wir tun immer etwas, wir können nicht nichts tun.
- ♥ Menschen, die besonders gut mit schwerwiegenden Situationen umgehen können, können

besonders gut dissoziieren. Das bedeutet, sich aus einer Situation (gefühlsmäßig) herauszuziehen. Stelle dir dazu vor, der Sterbefall ist nicht real, sondern nur ein Kinofilm den du ansiehst. Das Geschehen ist damit weit weg und du siehst es aus der Ferne. Damit ziehst du dich gedanklich heraus. Das ist gut für Menschen, die dauernd leiden und sich offen und verletzlich fühlen.

Phase III: Reine Gefühle

Ist die Maske der Emotionen gefallen, dann haben die Gefühle Platz um sich zu entfalten. Hier kommen wir nun an unsere wahren Gefühle der Trauer heran, sollten sie zulassen, durchfühlen und uns ggf. unterstützen lassen. Achte dabei darauf, was du brauchst. Die Einen brauchen Trubel um zu verarbeiten, die Anderen wiederum Ruhe um sich zu finden und lebendig zu fühlen.

Erlaube dir zu fühlen und dir die Gefühle einzugestehen und lass zu dir helfen zu lassen und lerne Hilfe anzunehmen. Die Gefühle zu verdrängen kann zwar kurzfristig Erleichterung bringen, los sind wir sie dadurch jedoch noch lange nicht. Erst durch das Fühlen können wir sie abwerfen wie einen vollen Rucksack. Je schneller wir das Fühlen des Kummers zulassen, desto schneller sind wir ihn auch wieder los, denn zu viele Gedanken rund um den Tod kann eine Flucht vor dem eigenen Leben bedeutet. Deswegen sollten wir den Sinn des Lebens im eigenen Leben suchen und nicht im Tod des Anderen!

Teilen wir unsere Trauer jedoch nur mit den Menschen, die damit auch umgehen können und akzeptieren, dass manche Menschen das nicht können, da sie meinen unsere Tränen könnte ihre Zuckerburg aufweichen. So werden wir nicht noch zusätzlich verletzt und schützen uns.

Was du tun kannst

- ♥ Zeige deine Trauer, lasse sie zu, fühle sie.
- ♥ Gehe raus in die Natur. Der Aufenthalt dort ist sehr heilsam. Bereits die Druiden kannten den Heilschlaf in den Wäldern.
- ♥ Um nicht im Tränenmeer zu versinken mache dir verbindliche Termine (mit dir selbst), an denen du entspannte und lebensbejahende Dinge tust, die dir gut tun.
- ♥ Gehe gedanklich die gemeinsame „Wegstrecke" ab und würdige sie.
- ♥ Verfasse einen Abschiedsbrief und danke der Person für den gemeinsamen Weg, für das, was du durch sie erfahren und erleben durftest, was sie in dir durch ihr Sein ausgelöst hat und wo du durch sie wachsen durftest.
- ♥ Nimm die Trauer zu dir zurück, erst dann kannst du sie fühlen.
- ♥ Das Wichtigste ist jedoch: Fühle die Liebe in dir und lasse das Gefühl der Liebe in dir zu. Dann wirst du entdecken können, dass hinter der Trauer die viel größere Liebe steht und Mitgefühl für den Verstorbenen und vor allem für dich selbst entfalten können! Sei liebevoll zu dir!

Phase IV: Frieden

Die letzte Phase schließt die Trauer ab und öffnet den Weg für eigene neue Pläne und Vorhaben. Damit wird der Lebensplan des Verstorbenen akzeptieren und angenommen. Die Wunden beginnen zu heilen und die Gedanken an den Verstorbenen nehmen ab bzw. erhalten eine neue friedlichere Qualität.

Mit jedem Trauerfall den wir erleben wachsen wir. Die Gefühle des Schmerzes werden immer kommen, wir lernen jedoch besser mit ihnen umzugehen.

<u>Was du tun kannst</u>

♥ Nehme dir eine kleine Auszeit und mache dir Gedanken über dein Leben. Schreibe dazu eine Geburtstagsrede zu deinem 100. Geburtstag aus der Perspektive der 3. Person. So, als ob dein bester Freund die Rede über dich schreiben würde, z.B. sie mag gerne…, sie hätte gerne… und erkenne daraus, was in dir noch Raum braucht und gelebt werden möchte.

♥ Relativiere einiges in Bezug auf dein Leben. Menschen, die in Trainings mit dem Todesgedanken konfrontiert werden schreiben dann von mehr Zeit, die sie gerne mit Familie & Freunden verbracht hätten, Träume die sie sich gerne erfüllt hätten und vor allem, das sie manches nicht so eng und ernst gesehen hätten und mehr auf ihre Gefühle und Gesundheit geachtet hätten.

Liebe Trauernde,

erlauben wir uns, nachdem wir uns wie eine Glasvase fühlten, die zu tausend Stücken zerbrach, diese liebevoll wieder zusammen zu setzen. Das jemand stirbt können wir nicht verhindern, jedoch können wir beeinflussen, was wir daraus machen bzw. was wir mit uns machen.

Dem Verstorbenen geht es gut und eigentlich könnten wir ein Fest für ihn feiern, dass er seine Aufgabe erfüllt hat. Daher sollten wir jetzt unsere Aufmerksamkeit auf uns lenken, denn unsere Seele braucht uns! Lassen wir den Schmerz los.

Was mein(e) Liebe(r) gibt es Besseres und Schöneres für dich als dich selbst? Vertraue darauf, dass es etwas Größeres gibt, in das wir eingebettet sind, das uns unterstützt und bisweilen auch in unseren schweren Stunden trägt. Gehe in die Liebe und du wirst erkennen, wie unermesslich die Geistige Welt dich liebt.

In Liebe
Claudia Leandra König

„So ist das Wesentliche einer Kerze
nicht das Wachs, das seine Spuren
hinterlässt, sondern das Licht."
Antoine de Saint-Exupery

Kapitel 4:

Heilsame Rituale

*„Auf den Flügeln der Zeit fliegt
die Traurigkeit dahin."*
Jean de la Fontaine

Rituale sind der Schlüssel, mit dem wir Erlebnisse jeglicher Couleur besser verarbeiten können um letztendlich wieder oder überhaupt unseren Frieden finden können. Sie unterstützen uns durch ihre heilsame Wirkung in so hohem Maße, so dass nachfolgend ausgewählte und lebensbejahende Rituale dargestellt werden.

Die wertschätzenden und liebevollen Rituale können in eine traditionelle Zeremonie eingebaut, angeschlossen oder stattdessen durchgeführt werden. Auch kann eine speziell dafür organisierte Person bestellt werden, wie z.B. Schamanen, Vertreter kultureller Gruppen oder Ähnliches, sofern wir das nicht selbst leiten mögen oder können.

Es ist nicht von Bedeutung, ob wir die Rituale alleine, in Gesellschaft, mit Kindern oder ausschließlich im Kopf machen oder wann wir sie machen. Für unser Gehirn spielt es sowieso keine Rolle, ob eine Handlung tatsächlich stattfindet oder ob wir sie nur im Gehirn entstehen lassen, da es für unseren Kopf so oder so nur eine Realität gibt – egal aus welchem Topf das Futter kommt.

Maßgeblich für ein Ritual ist immer unsere Absicht und nie unser schickes Dress mit zeit- und kostenintensiver Zeremonie oder was auch immer. Die Beschreibung der Rituale ist kurz gefasst, damit deine Intuition genügend Platz findet um eine eigene persönliche Note einfließen zu lassen. Finde deine eigene Ritualistik – nachfolgend erhältst du reichlich Unterstützung dazu.

Trauer - Ballone

Du brauchst dazu: Ballone mit Bändchen, ggf. Luftpumpe, ggf. Stifte.

Die Luftballone können jede beliebige Farbe haben, da nicht die Farbe, sondern der für sie zugedachte Zweck maßgeblich ist. Willst du es einheitlich haben, dann eignet sich die Farbe weiß oder die Lieblingsfarbe des Verstorbenen gut. Wenn du möchtest, kannst du auf die Ballone eine Botschaft oder dergleichen anbringen.

Am besten lässt man die Ballone an dem Zeitpunkt fliegen, nachdem dem Verstorbenen gehuldigt wurde und schaut den Ballonen hinterher bis sie nicht mehr zu sehen sind und lässt damit die Trauer innerlich los. Die Ballone können nacheinander oder gleichzeitig in beliebiger Anzahl oder im Alter des Verstorbenen im kreisstehend oder quer Beet stehend losgelassen werden. Wenn du die Anzahl des Lebensalters nimmst können zum jeweiligen Alter noch Ereignisse erzählt werden, bevor der Ballon dann in die Luft geht.

Trauer - Baum

Du brauchst dazu: Einen kleineren Baum, Spaten, Wasser, ggf. Räucherwerk.

Hier geht es um das Pflanzen eines Baumes für den Verstorbenen. Die Baumauswahl hängt meistens davon ab, an welchem Ort er gepflanzt wird. Es kann auch ein Zierbäumchen neu gepflanzt und verwendet werden, dass in geschlossenen Räumen steht. Willst du einen naturspirituellen Aspekt einfließen lassen, so existieren diese (beispielhaften) Zuordnungen: Ahorn (Tröster), Apfel (Frau), Birne (Mann), Birke (Neubeginn), Eiche (Erholung), Erle (Stärke), Fichte (Schutz, Lebensbaum), Haselstrauch (Veränderung), Holunder (Wahrheit, Befreiung), Kastanie (Fülle, Gesundheit), Linde (Mittelpunkt, Liebe), Weinstock (Inspiration).

Bereits die Auswahl des Platzes kann bedeutungsvoll sein: Osten steht für Neubeginn und Westen für das Beenden von Zyklen, so dass der Baum in westlicher Position auf dem Grundstück platziert werden kann, wenn man dieser Typologie folgen möchte.

Liebhaber des Räucherns räuchern gerne vor oder nach dem Pflanzen. Hierzu können auch die vier Elemente oder vier Himmelsrichtungen begrüßt bzw. eingeladen werden. Für Ahnenräucherung eignet sich gut Salbei, Wachholder, Holunder, Fichtenharz, aber auch Myrrhe und Weihrauch. Die beiden Letzteren am besten im gleichen Verhältnis

(Myrrhe stärkt das weibliche Element und Weihrauch das Männliche, wobei Weihrauch aus Äthiopien nach meiner Erfahrung der Reinste ist - d.h. es ist keine Mischung, die Kopfweh fördert). In Indien benutzt man übrigens für Trauerzeremonien Sandelholz.

Das Lochausgraben und Baumeinsetzen kann bedeutungsvoll gestaltet werden, indem bei jedem Spatenstich und zuschütten Dankesworte oder Worte der Erinnerung gesprochen werden. Auch ein kleines Andenkenschildchen ist möglich oder abschließendes im Kreis stehen (um den Baum herum) und singen oder eine Stillemeditation.

Eine weitere Variante eines Trauer-Baumes ist die, einen Baum zu bestimmten und mit ihm zu arbeiten, d.h. ihn zu umarmen und als Gesprächspartner (bzw. Monologpartner) zu nutzen. Dabei kann er auch mit Bändern oder ähnlichem umwickelt und geschmückt werden. Vor allem Kinder brauchen etwas zum Festhalten und finden durch das Spüren eines Baumes schneller wieder den Boden unter den Füssen. Auch das Überreichen eines Steines, den sie immer bei sich tragen können kann sich hilfreich auswirken.

Trauer - Buch

Du brauchst dazu: Leeres Büchlein oder Heft mit Stift, ggf. Bild des Verstorbenen, ggf. Blumen.

Suche dir in deinem Zuhause einen Platz, den du

als Trauerplatz reserviert. Am besten eignet sich ein Tischchen oder ähnliches mit einem möglichst bequemen Sessel davor. Suche diesen Platz immer dann auf, wenn du dich traurig fühlst, damit die Trauer auch ein eigenes Zuhause hat – nämlich diesen einen Platz. Dies soll dir dabei helfen, dich abzugrenzen und alle anderen Plätze bzw. den Rest deiner Wohnung etwas freier zu halten von den Trauergefühlen, damit auch andere Gefühle noch ihren eigenen Raum bekommen und nicht gänzlich verdrängt werden. Oder bestimme umgekehrt einen Platz, an dem du dich „erholen" kannst und Entspannung findest, der dann wiederum frei von Trauer ist.

Auf dieses Tischchen legst du ein leeres Büchlein mit einem Stift und stellst ein Bild des Verstorbenen daneben mit Blumen und was dir sonst noch am Herzen liegt. Dieses Büchlein kannst du dann mehrere Tage oder Wochen nutzen um all das loszuwerden, was noch Raum in dir braucht. Drücke darin alles aus, was du gerne dem Verstorbenen mitteilen möchtest, was noch offen ist, wie er dir fehlt, was dir auf deiner Seele liegt usw. – das kann sich auch beliebig wiederholen, eben solange, bis du losgelassen hast.

Wenn du mit einem Eintrag fertig bist, dann blättere die Seite um, so dass du für den nächsten Eintrag wieder eine leere Seite zur Verfügung hast. Auch für Kinder ist diese Trauerarbeit schön, da sie in das Buch auch malen können oder getrocknete (Baum-)Blätter hineinlegen können etc. Hat das

Buch seinen Zweck erfüllt, dann kann es im Feuer verbrannt oder aufbewahrt werden.

Macht man das mit Kindern, dann kann man auch eine Trauer-Kerze basteln, die man dazustellt. Dazu braucht man eine weiße Kerze und Wachsplatten, die zurecht geformt werden. Um diese Trauer-Kerze kann man sich auch im Kreis herumsitzen und auf die Flamme schauen und sich gedanklich mit ihr verschmelzen mit dem Gefühl, das die Traurigkeit wegbrennt und die Liebe bleibt.

Trauer - Feuer

Du brauchst dazu: Kleine Zettel, Stift, Feuerzeug, feuerfestes tieferes Gefäß mit feuerfester Unterlage.

Schreibe auf die Zettel all das auf, was dich bedrückt, welche (auch körperlichen) Beschwerden du spürst, deine Gefühle, alles was dich belastet etc. – lass dir Zeit und lasse dein Herz wie auch deinen Verstand sprechen.

Bist du fertig, dann lege die Zettel in das Gefäß (ggf. nacheinander wenn es viele sind) und lass sie verbrennen. Übergib den Inhalt der Zettel dem Feuer, lass es transformieren und heilen. Gerne kannst du auch Räucherwerk darüber streuen wenn dir danach ist.

Ist alles verbrannt lösche das Feuer und lege dich nieder um dem loslassen nachzuspüren.

Trauer - Gespräch

Du brauchst dazu: Nichts bzw. ggf. ein Kissen.

Geteiltes Leid ist halbes Leid kommt hier zum Tragen. Erzähle deine Trauer all den Personen, zu denen du Vertrauen hast oder bei denen du dich geborgen fühlst, teilt euch die Trauer, lass sie heraus und frei damit sie dich verlassen kann. Mit jedem Mal erzählen wird sie weniger. Das funktioniert auch sehr gut wenn nicht gar besser im Kopf oder alleine vor einem Spiegel, indem du so vielen Menschen nacheinander oder gleichzeitig deine Trauer mitteilst wie es dir gut tut.

Zusammen weinen kann auch sehr heilsam sein, keiner muss stärker als der Andere sein, insbesondere dann nicht, wenn beide leiden. Selbst wenn du keine Sprachkenntnisse in dem Land hast, indem das Unglück passiert ist, kann man sich unterhalten, denn Unterhaltung findet auf allen Ebenen statt, da man nicht nicht kommunizieren kann!

Steckt uns ein Kloß im Hals, weil uns Unausgesprochenes mit dem Verstorbenen belastet, dann gibt es hier eine befreiende Trauerbewältigungsmethode: Setze dich dabei auf ein Kissen. Lege gegenüber oder leicht schräg (falls dir das Gegenüber zu mächtig erscheint) ein Kissen hin, auf dem du geistig den Verstorbenen Platz nehmen lässt. Dann sage ihm alles, was noch offen ist, alles was du vergessen hast zu sagen, alles was dich geschmerzt, beleidigt oder was du besonders geschätzt hast, jedoch nie gesagt hast. Lass dir Zeit. Sei gut zu dir und lege dir ggf. eine Decke um. Du wirst merken wenn du fertig bist, denn dann steigt ein Gefühl der Erleichterung in dir auf. Wenn möglich, bedanke dich für das Zuhören, drehe das Kissen um und lasse all die vormals gefangenen Energien/Gefühle davon flattern als seien sie wunderschöne Schmetterlinge.

Trauer als Naturritual

Du brauchst dazu: Tasche (zum Steine transportieren).

Gehe in die Natur, sammle Steine, die max. halbe Faustgröße haben und suche dir einen abgelegenen ruhigen Platz. Dort angekommen lege die Steine auf einen Haufen zusammen auf den Boden. Gehe in dich und bereite dich auf dein Ritual vor.

Beginne dann eine Spirale mit den Steinen zu legen. Fange an einem Punkt an, der die Kreismitte der Spirale wird. Von dort legst du dann Stein neben Stein, bis eine kleine (oder größere) Spirale entsteht. Mit jedem Stein den du niederlegst kannst du einen Dank oder Wunsch aussprechen. Mache das so lange, bis alles gesagt ist, was du sagen wolltest. Bist du fertig, dann kannst du die Spirale noch mit aufgesammelten Blumen, Blättern, Zweigen etc. schmücken. Betrachte die Spirale noch eine Weile und lasse sie auf dich wirken.

Bist du am Meer, dann kannst du anstelle von Steinen Muscheln sammeln und am wirkungsvollsten ist es, wenn du direkt am Strand bei Ebbe die Spirale legst und nach der nächsten Flut nochmals kommst um festzustellen, dass alles Vergängliche weg ist (und somit vom Wasser transformiert wurde).

Trauer als permanentes Gefühl

Du brauchst dazu: Nichts

Bei dieser Art von Trauer gibt es zumindest von außen gesehen keine Ursache: Niemand liegt im Sterben, ist gerade verstorben oder dergleichen. Vielmehr handelt es sich um ein permanent vorhandenes Gefühl, dass neben etwaigem unerfülltem Lebensweg als Ursache auch das Fehlen von Energie an unserem Energiekörper oder gar das Fehlen eines abgespaltenen Seelenanteils sein kann, was uns in den meisten Fällen nicht bewusst ist bzw. wir gar nicht auf diese Idee kommen würden.

Ist ein von uns geliebter Mensch verstorben und wir denken, dieser hat noch Energie von uns bzw. wir von ihm, dann ist diese Ablösung heilsam:

Schließe deine Augen und stelle dir in Gedanken diesen geliebten Menschen vor, wie er vor dir sitzt. Betrachte dann seinen Körper ob du irgendwo Energie in Form von Lichtkugeln sitzen siehst, die dir gehören (du wirst nur diese sehen und auch nur dann, wenn es sein soll – also keine Bedenken). Dann bitte alle diese Lichtkugeln sich wieder in deinen Körper einzugliedern, betrachte, wie die Lichtkugeln zu dir fließen. Anschließend mache das Gleiche mit den Lichtkugeln, die du noch von dem Verstorbenen hast, damit jeder am Ende sein eigenes Paket wieder besitzt. Stelle dir abschließend vor, wie Heilsalbe auf die offenen Stellen gegeben wird, bedanke dich, lege deine Hände auf dein Herz und fühle dich komplett.

Ist allerdings ein Seelenanteil abhanden gekommen, dann kann uns meist nur ein Schamane oder Geistheiler helfen, wenn wir offen für diese Art der Unterstützung sind.

Trauer - Tag

Du brauchst dazu: Ggf. diversen Bedarf.

Nutze eine bestimmte Zeit, das kann ein Tag, ein Wochenende oder mehrere Tage sein, den du speziell für deine Trauerverarbeitung verwendest, um dir damit zu erlauben zu trauern. Diverse Anbieter offerieren begleitete Trauerreisen, bei denen man die Gelegenheit hat mit anderen Trauernden die Trauer zu verarbeiten und damit zu bewältigen, wenn einem nach Gruppenarbeit ist.

In dieser Zeit sollst du all das tun, was dir hilft um Abschied zu nehmen um wieder Mut für dein Weiterleben zu gewinnen. Was du dabei machst ist nicht wichtig, selbst eine Kleinigkeit kann Grenzen sprengen und Ballast abwerfen.

Dieser komprimierte Zeitabschnitt soll dir helfen, die Trauer in kürzerer Zeit zu bewältigen und sie nicht irgendwie zwischendurch in einem längeren Zeitabschnitt machen zu müssen.

Trauer - Wanderung

Du brauchst dazu: Nichts

Suche bedeutende oder bewegende Plätze auf, die du zusammen mit dem Verstorbenen besucht hast und spüre nochmals hin um die entstandene Lücke energetisch aufzufüllen. Würdige ganz bewusst jeden einzelnen Platz.

Gestalte anschließend deinen Nachhauseweg als meditativen Spazier- bzw. Heilgang: Lasse bewusst mit jedem Schritt den du machst deine Trauer in den Boden sickern. Schritt für Schritt immer mehr.

Trauer wegfliegen lassen

Du brauchst dazu: Nichts

Schließe deine Augen und stell dir vor, wie du auf einer schönen Wiese sitzt. Während du an dir herabblickst entdeckst du an dir viele braune Flecken, die deine gebundene Trauerenergie darstellen. Gerne hättest du eine Erleichterung und stehst deshalb auf. Nach einer Weile über die Wiese marschieren entdeckst du mitten im Gras eine runde schöne Plattform, die sehr einladend auf dich wirkt. Bereits kurz nachdem du sie betreten und dich auf ihre Mitte gestellt hast beginnt sie, sich gegen den Uhrzeigersinn zu drehen. Du stehst dabei sehr sicher auf dieser Plattform, nichts kann dich umwerfen.

Während du da stehst stellen sich viele deiner geistigen Helfer (Engel, Feen, etc.) um die Plattform herum und fangen die vielen braunen Flecken auf (und wandeln sie um), die von dir durch die hohe Geschwindigkeit weggeschleudert werden. Immer mehr fühlst du dich befreiter und befreiter. Lass es zu. Bist du dann komplett befreit, dreht sich die Plattform im Uhrzeigersinn und füllt dich mit heilsamer Energie auf, die du dankend annimmst. Fühle!

Trauer - Zeitlinie

Du brauchst dazu: Bilder verschiedenen Alters vom Verstorbenen.

Erstelle eine Bildergalerie vom Verstorbenen, indem du verschieden alte Bilder chronologisch sortierst. Gehe nochmals die einzelnen Stationen durch, betrachte die Bilder genau bis du alles aufgenommen hast und gesättigt bist. Dann verabschiede dich mit dem letzten Bild mit einem kleinen Gedicht oder Ähnliches als Dank für die Wegbegleitung, also als Dank dafür, dass dich der Verstorbene eine Zeitlang auf deinem Weg begleitet hat. Ist alle Energie aus den Bildern draußen, dann hat die Bildergalerie ihren Zweck erfüllt und du kannst sie wieder wegräumen. Das ist auch mit Kindern ein schönes Ritual, indem die Bilder auf eine große Fläche geklebt werden.

Trauerzug ins Jenseits

Du brauchst dazu: Nichts

Schließe deine Augen und stell dir den Verstorbenen vor wie er sich fein kleidet, so, als ob ein festliches Ereignis bevorsteht. Betrachte die Person, wie sie sich freut und lächelt. Schau genau hin. Nach einer Weile scheint es immer heller zu werden und angenehme ruhige Musik ist zu hören.

Es scheint sich von der Richtung des Himmels eine Lichtstraße zu öffnen, aus der nun ein lebendiges Treiben entsteht. Immer mehr liebe Geistige Wesen oder vorverstorbene Verwandte und Freunde kommen um den soeben Verstorbenen abzuholen. Sehe genau hin, wie fröhlich alle sind. Gerade in dem Augenblick, in dem sie zusammentreffen begrüßen sich alle überschwänglich herzlich. Das dauert eine ganze Weile bis sie sich auf den Weg nach oben machen. Doch bevor sie das tun winken dir alle von Herzen zu, ganz besonders der Neuzugang. Betrachte den davonziehenden Zug und spüre noch nach.

Diese Reise ist auch gut mit Kinder zu machen, die über verstorbene Tiere trauern. Dabei kann man ihnen während der Reise auch ein Krafttier zuteilen und ergänzen, dass dieses Krafttier für sie immer da ist, wenn sie es brauchen. Ein Stofftier des entsprechenden Krafttieres ist auch ein beliebter Anker zum Festhalten für Kinder.

Trauerrituale in anderen Kulturen

Trauerrituale gibt es so viele unterschiedliche, wie es verschiedene Gruppierungen der Weltbevölkerung gibt. Doch eins haben sie alle gemeinsam: Das Ehren und Huldigen von Menschen, die uns verlassen haben.

Nachdem wir immer multikultureller werden, werden auch die Trauerrituale immer bunter. Etwa 1/5 der in Deutschland Lebenden haben einen Migrationshintergrund, deshalb werfen wir nun einen kleinen Blick in die Traditionen fremder Länder:

Trauerritual in Indien

Etwa ¾ der Inder sind Hindus, die traditionell feuerbestattet werden (von wenigen Ausnahmen abgesehen wie z.B. Kranke, Schwangere, Heilige) und zwar vorzugsweise am Ganges. Dort gibt es alleine in Varanasi gleich mehrere Verbrennungsgats, an denen parallel rund um die Uhr mehrere Leichen verbrannt werden. Der Tod bedeutet im Hinduismus nicht das Ende der Existenz, sondern sie glauben an eine Wiedergeburt. Bei Zeremonien bleiben die Frauen im Hintergrund, da sie sonst mit ihren Tränen die Seele am aufsteigen hindern würden. Nach dem Ritual gibt es eine mehrtägige Trauerzeit, während der die Trauerfamilie als unrein gilt und mit Verboten belegt wird. Die Trauerfarbe ist weiß.

Trauerritual im Islam

Die Beerdigung erfolgt als Erdbestattung bereits am Folgetag des Ablebens. Dabei wird der Verstorbene lediglich in ein Leintuch gehüllt, welches sich manche bereits zu Lebzeiten besorgen. Zuvor erfolgt von Angehörigen des gleichen Geschlechts eine rituelle Waschung des Leichnams. Die Frauen bleiben beim eigentlichen Ritual im Hintergrund. 40 Tage nach der Beerdigung gibt es in der Moschee einen Gedenkgottesdienst. Der Sterbetag ist bei den Moslems wichtiger als der Geburtstag, da dieser als Eintritt in ein neues Leben bzw. in das wirkliche Leben gilt, denn auch im Islam ist die Seele unsterblich. Die Trauerfarbe ist überwiegend hell, doch auch dunkle Farben finden Verwendung.

Trauerritual in Vietnam

Von den Wenigen, die in Vietnam einer Religion zugehörig sind, zählen sich die meisten zu Buddhisten. Der Beerdigungsritus ist jedoch recht individuell in der Gestaltung, wobei feste Tage nach dem Todestag als Trauertage typisch sind, z.B. der 3. / 50. / 100. Tag nach dem Sterbetag. Der Trauerzug gleicht meist einer mächtigen Prozession mit einem eindrucksvollen und bunten Bestattungswagen. Selbst Särge sind recht farbenfröhlich gestaltet und werden durchaus im leeren Zustand auch mal mit dem Rad transportiert, dass die Vietnamesen mit akrobatischem Gleichgewichtsgefühl fahren können. Vermeiden sollte man allerdings, Prozessionszüge zu überholen, denn das gilt als Beschleuniger auf dem Weg ins Jenseits. Der hauseigene Mini-Altar wird zur Trauerzeit reichlich geschmückt, damit die durchaus auch tagelang dauernde Verabschiedung begangen werden kann.

Historisches Trauerritual auf Island

Die Wikinger legten ihre Toten in Boote (teilweise mit großen Schätzen versehen) und überließen sie dem Meer, während die Hinterbliebenen sich am Feuer Geschichten über den Verstorbenen erzählten.

„Im Garten der Zeit wächst
die Blume des Trostes."
Aus Rumänien

TEIL 2

Praktischer Bereich

Kapitel 5:

Was ist zu tun

Vorsorge

Persönlich
- ❖ Bestattungsverfügung mit den letzten Wünschen erstellen.
- ❖ Dokumente, Verträge, Verpflichtungen und Ähnliches zusammenstellen und sortieren.
- ❖ Kenn- und Passwörter für Internet, Handy etc. sicher notieren und aktuell halten.
- ❖ Testament erstellen und sicher sowie wiederauffindbar deponieren.
- ❖ Der Besitz eines Organspendeausweises erleichtert den Hinterbliebenen die Entscheidung.
- ❖ In einer Patientenverfügung wird der eigene Wille festgehalten, für den Fall einer späteren Einwilligungsunfähigkeit.

Finanziell
- ❖ Vorsorgeverträge mit einem Bestattungsunternehmen erleichtern den Hinterbliebenen die Entscheidung: Hier wählt man ein Paket, was alles im Todesfall gewünscht ist und geleistet werden soll.
- ❖ Sterbegeldversicherung: Nachdem die Leistung der gesetzlichen Krankenkassen aus dem Leistungskatalog bereits 2004 gestrichen wurde, bieten nun diverse Versicherungen eine entsprechende Leistung an, indem sie im Todesfall einen Zuschuss zu den Todesfallkosten bezahlen

– ob eine solche Kapitalversicherung nun sinnvoll ist darf jeder selbst entscheiden.
❖ Eine Auslands-Versicherung mit Rückführung im Todesfall ist bei Auslandsaufenthalten sehr zu empfehlen.

Eintritt eines Todesfalles

❖ Arzt (Hausarzt, Notarzt) zügig verständigen, damit dieser den Todesfall untersuchen und den Totenschein ausstellen kann. Im Senioren- und Pflegeheim, sowie im Krankenhaus übernimmt das Rufen des Arztes die entsprechende Leitung.
❖ Engere Verwandte verständigen und mit ihnen das weitere Vorgehen absprechen.
❖ Dokumente bereitlegen (z.B. Personalausweis, Versichertenkarte der Krankenkasse etc.).
❖ Nachforschen, ob eine Niederschrift von Bestattungswünschen und ggf. ein Organspendeausweis vorhanden ist.

Hinweis: Zur Leichenidentifizierung ist jeder volljährige Staatsbürger verpflichtet.

Vor der Bestattung

❖ Nachforschen, ob der Verstorbene zu Lebzeiten bereits einen Vorsorgevertrag mit einem Bestattungsunternehmen abgeschlossen hat. Wenn ja, dann das entsprechende Institut verständigen und Leistung einfordern. Wenn nein, dann am besten selbst eins beauftragen, das dann den Großteil für uns erledigt.

- ❖ Beim Standesamt am besten gleich mehrere Ausfertigungen der Sterbeurkunde beantragen.
- ❖ Suchen, ob eine Bestattungsverfügung mit Wünschen für die Beerdigung existiert, ansonsten Bestattungsart bestimmen und Grabstätte suchen.
- ❖ Termin für die Trauerfeier mit der Friedhofsverwaltung abstimmen, ggf. Leitung für Beerdigungsritual organisieren.
- ❖ Trauerschmaus bestellen.
- ❖ Beerdigungskleidung für den Verstorbenen dem Bestattungsunternehmen bringen.
- ❖ Druck von Todesanzeigen und Trauerkarten (Inhalt: Ort, Uhrzeit, Personenkreis).
- ❖ Blumen bestellen und terminiert liefern lassen.
- ❖ Kondolenzbuch besorgen (oder online erstellen) und Porträt des Verstorbenen dazu stellen.
- ❖ Todesfall melden bzw. abmelden bei: Arbeitgeber, Krankenkasse, Rentenversicherung (ggf. Meldefristen beachten!).
- ❖ Haustiere verpflegen.
- ❖ Bei Selbständigen: Geschäftspartner und Arbeitnehmer verständigen.

Nach der Bestattung

- ❖ Druck von Dankesanzeigen oder Dankeskarten.
- ❖ Testament suchen und lesen.
- ❖ Grabstein in Auftrag geben.
- ❖ Abmelden und kündigen: Bankkonten, Kreditkarten, Daueraufträge, Einzugsermächtigungen wie z.B. Miete, Strom, Telefon, Bahncard, Handy, Internet, Virenschutzpakete, Fernseh- und Rundfunkgebühren, Zeitschriften, Vereins- und Mit-

gliedsbeiträge, regelmäßige Spendenabbuchungen, Arbeitgeber (bei Betriebsrente), ggf. weitere Versicherungs- und Bankverträge etc.

❖ Offene Eingangsrechnungen überprüfen und bezahlen. In Anspruch genommene Darlehen aus Erbmasse zurückzahlen.

❖ Kfz, Motorrad etc. abmelden bei Meldestelle und abstellen bis weitere Verwendung im Erbfall feststeht.

❖ Überzahlung Kfz- und ggf. Motorrad-Steuer vom Finanzamt erstatten lassen.

❖ Finanzamt verständigen und letzte Steuererklärung(en) für den Verstorbenen erstellen.

❖ Wohnung räumen und ggf. instandsetzen.

❖ Nachsendeantrag bei der Post stellen.

❖ Rentenantrag für Verwitwete stellen.

❖ Trauer verarbeiten und Verstorbenen loslassen!

Länger nach der Bestattung

❖ Grabpflege organisieren: Entweder selbst machen oder Dauergrabpflege beauftragen.

❖ Grabeinfassung und Grabstein nach Absprache mit dem Steinmetz liefern lassen.

❖ Nachlassverzeichnis und ggf. Erbschaftsteuererklärung erstellen.

Kapitel 6:

Bestattungsarten

Bestattungen, die in Deutschland stattfinden unter-
liegen bestimmten Beschränkungen. Nicht alle
Wünsche der Bestattungsart werden erfüllt. Eine
Ausweichmöglichkeit der Bestattung im Ausland
steht uns jedoch offen. Die Bestattungsart sollte zu
Lebzeiten mindestens durch mündliches Kundtun
mitgeteilt werden. Am besten bei einer anderen
Bestattungsart als Erd- und Feuerbestattung ist es
jedoch, eine Bestattungsverfügung zu erstellen,
damit der Wunsch ggf. gegenüber Behörden
nachwiesen werden kann.

Erdbestattung

Beisetzung des Leichnams in einem Grab in der
Erde. Hierfür gibt es regional unterschiedlich lange
Mindestruhezeiten und weitere Vorschriften wie z.B.
die Tiefe des Grabes. Eine Erdbestattung hat inner-
halb von 8 Tagen nach dem Tod zu geschehen.

Feuerbestattung

Einäscherung des Leichnams in einem Krematori-
um. Anschließende Verwahrung in einem Urnen-
grab, das auch in einem sogenannten Kolumba-
rium sein kann, dass z.B. ein Teil eines
Friedhofsgebäudes ist. Urnen dürfen in Deutschland
nicht zu Hause aufbewahrt werden.

Seebestattung

Bestattung auf See eines zuvor eingeäscherten Verstorbenen. Die dafür verwendeten Seeurnen lösen sich nach einer Weile komplett im Wasser auf. Die Versenkung der Urne kann begleitet oder still (ohne Begleitung von Angehörigen) stattfinden und ist meist von den Kommunen zu genehmigen, die in der Regel eine Verbundenheit des Verstorbenen zur See fordern.

Anonyme Bestattung

Anonyme Bestattungen gibt es als Erd- und als Feuerbestattung. Oftmals tragen die Örtlichkeiten keinen Hinweis wer auf der Fläche beerdigt wurde und meist ist auch kein Platz für Präsente wie Blumen etc. vorhanden. Das ist wohl die pflegeleichteste Bestattungsart – sind jedoch Hinterbliebene da, die einen Platz zum Trauern brauchen, dann gehen diese in diesem Falle meist recht leer aus.

Freie Bestattung

Unter dem von mir frei kreiertem Sammelbegriff fallen all jene Bestattungsformen, die nach Einäscherung auch noch möglich sind. Hierunter fällt z.B. die immer beliebter werdende Baumbestattung: Bestattung der Urne an einem Baum, der bereits zu Lebzeiten ausgesucht werden kann.

Es besteht keine Verpflichtung, den Leichnam bzw. die Asche am letzten Wohnort des Verstorbenen zu beerdigen. In manchem Nachbarland (jedoch nicht in Deutschland) sind auch diese Beerdigungsformen erlaubt: Luftbestattung (Verstreuung der Asche vom Flugzeug, Hubschrauber oder Heißluftballon aus), Felsbestattung (Verstreuung der Asche an einem Gemeinschaftsfelsen), Diamantbestattung (aus der Asche wird in einem speziellem Verfahren ein Diamant hergestellt) etc.

Kapitel 7:

Kostenübersicht

Eine Bestattung ist mehr oder weniger immer mit Kosten verbunden, die im Normalfall die Hinterbliebenen aus der Erbmasse heraus oder aus eigenen Mitteln zu begleichen haben. Für manch Einen mit enger Einkommenssituation sind jedoch meist diese Kosten nicht zu finanzieren, z.B. bei Hartz IV. In diesen Fällen empfiehlt sich frühzeitig beim jeweiligen Sozialamt Kostenerstattung zu beantragen.

Sind keine Verwandten auffindbar, so erhält der Verstorbene meist eine kostengünstige anonyme Beerdigung auf Kosten der. Nachfolgend eine beispielhafte Auflistung von Kosten, die anfallen können:

Vor der Bestattung

❖ Bergung und Aufbewahrung des Leichnams
❖ Gebühren für die Sterbeurkunde(n)
❖ Grabkauf bzw. Grabnutzungsrechte klären

- ❖ Vorläufige Grabmarkierung (meist Holzkreuz)
- ❖ Sarg- bzw. Urnenkauf
- ❖ Blumenpräsente (Kränze, Gestecke etc.)
- ❖ Kosten eines Bestatters (Totenwaschung, Transporte, Organisation etc.)
- ❖ Todesanzeigen
- ❖ Trauerkarten (Sterbebilder)
- ❖ Kondolenzbuch

Am Tag der Bestattung

- ❖ Durchführung der Trauer-Zeremonie: Freie Trauerbegleitung oder kirchliche Zeremonie, ggf. Musikbegleitung
- ❖ Leichenschmaus

Nach der Bestattung

- ❖ Grabstein und Grabeinfassung
- ❖ Grabpflege (bei Erdbestattung)
- ❖ Ggf. Gebühren für den Erbschein
- ❖ Ggf. diverse weitere kommunale Gebühren

Kapitel 8:

Rechtliche Hinweise

Tod im Ausland

Bei Todesfällen außerhalb Deutschlands ist für die Sterbemeldung das Standesamt I in 13357 Berlin, Schönstedtstr. 5, Tel. 030/90269-0, zuständig. Im Ausland selbst ist das deutsche Konsulat behilflich. www.berlin.de/standesamt1/sterbefall

Patientenverfügung

❖ Inhalt: Festlegung des eigenen Willens zu Lebzeiten, wie im Krankheitsfall mit dem Körper verfahren werden soll, wenn der Patient selbst nicht mehr einwilligungsfähig ist, z.B. was bei langem Koma durch Krankheit etc. zu tun oder zu unterlassen ist.

❖ Form: Schriftform ist zwingend. Es gibt von verschiedenen Institutionen etc. Vordrucke, die benutzt werden können. Amtlich vorgeschriebene Vordrucke gibt es nicht, jedoch Muster, die verwendet werden können z.B. vom Bundesministerium der Justiz: www.bmj.bund.de/enid/Publikationen/Patiente nverfuegung_oe.html

Vorsorgevollmacht

❖ Inhalt: Erteilung einer Vollmacht an eine Person des engen persönlichen sozialen Umfeldes, die uneingeschränktes und blindes Vertrauen genießt. Diese übernimmt Entscheidungen, sofern der Betroffene selbst nicht mehr entscheidungsfähig ist, z.B. über die Unterbringung in einem Pflegeheim oder Vermögensangelegenheiten etc.

❖ Form: Schriftform angeraten, notarielle Beurkundung wegen der Beratung empfohlen oder für manche Geschäfte sogar erforderlich. Eine Vorsorgevollmacht kann jederzeit wieder zurückgenommen werden, sofern noch Geschäftsfähigkeit vorliegt.

Bestattungsverfügung

❖ Inhalt: Wünsche, was nach dem Tod mit dem Leichnam geschehen soll, z.B. Art der Bestattung (Erd- oder Feuerbestattung etc.), Grabplatz, Ablauf Trauerfeier etc. Eine Bestattungsverfügung ist jederzeit änderbar.

❖ Form: Es bietet sich die Schriftform an, da mündliche Wunschäußerungen möglicherweise nicht mehr genau wiedergeben werden können. Es existiert jedoch keine besondere Formvorschrift, außer das klar ersichtlich sein muss, wer etwas genau wünscht.

Bestattungswünsche gehören praktikabler Weise nicht in ein Testament, da dieses in der Regel erst nach der Beerdigung gelesen wird.

Testament

❖ <u>Formen</u>: Komplett handschriftlich mit Erstellungs-
ort, Datum und Unterschrift (Persönliche Erstellung) oder öffentlich (kostenpflichtige Erstellung
durch einen Notar).

❖ <u>Aufbewahrung</u>: Öffentliche Testamente werden
amtlich aufbewahrt. Für handschriftlich erstellte
Testamente gilt: Aufbewahrung an einem siche-
ren und wieder auffindbaren Platz.

❖ <u>Gültigkeit</u>: In der Regel ist ab Vollendung des 18.
Lebensjahres die Erstellung möglich. Existieren
mehrere Testamente mit unterschiedlichem Datum, dann könnte es kompliziert werden.

Existiert kein Testament oder Erbvertrag, so gilt das
gesetzliche Erbrecht. Ein Erbvertrag ist bindend, ein
Testament hingegen ist wiederrufbar und nahezu
beliebig ergänzungsfähig. Wird in einem Testament oder Erbvertrag jemandem eine einzige Zu-
wendung zugesprochen ohne Erbe zu werden,
dann sprechen wir von einem Vermächtnis. Erb-
schaften können angenommen als auch ausge-
schlagen werden. Letzteres möglicherweise dann,
wenn z.B. der ideelle Wert des geerbten Elternhau-
ses größer ist als der tatsächliche Wert. Wollen wir
eine Erbschaft ausschlagen, dann müssen wir
handeln (Frist beachten!), wollen wir sie annehmen, dann brauchen wir nichts tun.

Die Angaben *(Rechtsstand 2010)* wurden dankend von
Celia Elsdörfer, Rechtsanwältin aus Germering bei München überprüft. www.rechtsanwalt-elsdoerfer.de

Steuerrecht

❖ <u>Unterscheidung:</u> Das deutsche Steuerrecht unterscheidet begrifflich zwischen Vermögensübertragungen zu Lebzeiten des Erblassers (=Schenkung) und nach dessen Ableben (=Erbschaft).

❖ <u>Berechnung:</u> Bei der Berechnung der Steuer wird der Beschenkte auf der Grundlage einer Verwandteneigenschaft einer Steuerklasse zugeordnet. Nach der Berücksichtigung etwaiger Freibeträge wird ein prozentualer Steuertarif angewandt und die zu zahlende Steuer errechnet, sofern sich dann noch ein zu versteuerndes Vermögen ergibt.

Aus steuerlicher Sicht mag ein stufenweiser Vermögensübertrag bereits zu Lebzeiten unter Ausnutzung von Freibeträgen die günstigere Variante darstellen - insbesondere dann, wenn umfangreiches Vermögen vorhanden ist.

Diese Handhabung kann jedoch im praktischen Leben auch schmerzliche Folgen haben, z.B. dann, wenn man das schöne Anwesen mit Wohnhaus etc. bereits an die Kinder übertragen hat, die sich nach der Grundbuchumschreibung leider zu Monster entwickeln und man anschließend keine große Absicht mehr hat das Nießbrauchsrecht zum lebenslangen Wohnen in Anspruch zu nehmen – erst Recht dann nicht, wenn überraschender Weise ein neuer Lebenspartner dazu kommt.

Originäre Beerdigungskosten können unter bestimmten Voraussetzungen als sogenannte außergewöhnliche Belastung in unserer Einkommensteuererklärung zum Abzug kommen. Voraussetzungen sind, dass es sich um zwangsläufige Aufwendungen handelt, welche die Erbmasse abzüglich etwaiger Sterbegelderstattungen etc. überschreiten.

Außergewöhnliche Belastungen wirken sich jedoch erst dann einkommensteuermindernd aus, wenn sie einen gewissen prozentualen Eigenanteil an den eigenen Einkünften (=zumutbare Belastung) überschreiten – sofern von uns überhaupt Einkommensteuer (bzw. Lohnsteuer) bezahlt wurde.

Die Angaben (*Rechtsstand 2010*) wurden dankend von Michael Debler, Steuerberater in München, überprüft. www.steuerakademie-debler.de

Glossar

dissoziiert	Mit Abstand betrachtend.
Erbschaft	Vermögensübertragung nach dem Tod des Erblassers.
Emotionen	Veraltete Gefühle.
Inkarnation	Wiedergeburt
Karma	Ausgleich zwischen Ursache und Wirkung.
Link	Verknüpfung
Schenkung	Vermögensübertrag zu Lebzeiten des Erblassers.
Sterbeurkunde	Amtliches Dokument über die Bescheinigung des Todes (wird vom Standesamt ausgestellt).
Testament	Willenserklärung über die Vermögensverteilung nach dem Tod.
Totenschein	Schriftstück über die Feststellung des Todes (wird vom Arzt ausgestellt).
transformieren	umwandeln

Links

Musik

www.musik-apotheke.com
www.napster.de
www.neptun24.de
www.ongnamo-versand.de
www.silenzio.de
www.someren.de

Weitere

www.aktiv-gegen-kinderarbeit.de	Informationsplattform auch bzgl. Grabsteinen.
www.die-ewige-seite.de	Online-Friedhof
www.geh-den-weg.de	Online-Friedhof
www.malteser.de	Alte Handys verwerten für einen guten Zweck. Auskunft gibt's bei den Malteser Dienststellen.
www.stampede-online.de	Indianerladen online
www.strassederbesten.de	Online-Friedhof
www.organspende-info.de	Infos bzgl. Organspende.
www.oxfam.de	Die Hilfsorganisation Oxfam nimmt in ihren Shops fast alles gut Erhaltene als Sachspende gerne an.

Distanzierung: Laut Urteil vom 12. Mai 1998 des Landgerichtes Hamburg, ist man durch das Anbringen und Verwenden von Links zu anderen Internetseiten für deren Inhalt mit verantwortlich. Dies kann laut Entscheidung nur dadurch verhindert werden, wenn man sich ausdrücklich von deren Inhalt distanziert, was hiermit für dieses komplette Werk geschieht. Auch sind die Angaben ohne Gewähr.

Weitere Bücher von Claudia Leandra König

Zitate als Seelennahrung
ISBN 978-3-8423-7670-0

Entschlüsselung der Motivation
ISBN 978-3-8423-7816-2

Handbuch der Geistheiler
ISBN 978-3-8423-3772-5

Der Stress-Knigge
ISBN 978-3-8423-0616-5

SEX in der Neuen Zeit
Frauenheilbuch
ISBN 978-3-8391-5237-9

Weg frei zum Gesundwerden
ISBN 978-3-8370-7870-1

Für meine Bücher gibt es bei www.amazon.de eine Leseprobe!

Liebe stirbt nie.